*Dimanche, 28 octobre, l'an Ier de la
République Française, 8 heures du soir.*

P. A. ANTONELLE,

AU

CORPS MUNICIPAL

DE PARIS (1).

LE citoyen Pétion venoit d'affliger une seconde fois les amis de la chose publique dans cette cité ; un tel homme ne pouvoit

(1) L'on me reproche d'avoir *refusé* la mairie de Paris. Ce terme est doublement impropre ; d'abord, je n'ai point été dans la position précise de l'homme qui prononce un *refus*. Secondement, il y a, dans ce mot, et relativement à une pareille offre, je ne sais quoi d'impertinent et de dur, étranger à ma façon de dire et de sentir. La vérité est, que j'ai reconnu, nettement avoué, et publié, dès que cette manifestation m'a paru nécessaire, mon absolue incapacité pour l'exercice de cette grande fonction, et *l'impossibilité où je serois d'accepter si j'étois nommé.* Je transcris ces paroles, peut-être officielles, et je les adopte sans amendement, parce qu'elles expriment

les affliger que d'une manière ; il s'obstinoit à ne pas reprendre le caractère de premier magistrat du peuple ; il n'a jamais eu d'autre tort envers lui. Que ne lui épargnoit-il cet unique sujet de plainte ? Aprés avoir abandonné la place où le besoin public et le vœu commun devoient le retenir peut-être ; il la fuyoit encore , quand la voix de tous l'y rappeloit avec persévérance. Il fallut bien lui chercher un successeur : quelques journaux , du nombre de ceux qu'on a vus plus d'une fois se faire les préparateurs, et devenir les interprêtes de l'opinion publique , n'osoient pas tout-à-fait la proclamer , mais ils la préjugeoient, ou lui désignoient, en quelque sorte , le candidat qu'elle devoit couronner. Ce scrutin de pressentiment faisoit sortir très - peu de

---

fidélement , et ma situation et ma pensée, comme on peut le voir dans ma lettre que je crois devoir imprimer.

Si l'auteur d'un journal très-répandu prend la peine de la lire , il verra bien que le sentiment qui 'a dictée n'a pas tout-à-fait la couleur des expressions qui me frappent dans sa feuille de ce jour. ANTONELLE A ECRIT AUX SECTIONS POUR LES REMERCIER ; IL NE VEUT POINT DE LA MAIRIE. *Patriote français , mercredi 3₁ octobre , article Paris.*

noms ; le mien s'y trouvoit. Il y avoit là de quoi beaucoup étonner quiconque me connoissoit assez pour m'apprécier avec justesse ; et , à ce titre , je dus être plus étonné que personne. Aussi refusai-je absolument de croire à la possibilité d'une volonté sérieuse et suivie de la part de qui que ce pût être , pour effectuer une telle élection , ou plutôt une pareille fantaisie ; et chaque fois qu'on m'en a parlé , j'ai éprouvé, je ne sais quelle répugnance à me mettre trop gravement sur la défensive ; j'y sentois quelque chose de ridicule, parce que ce genre d'attaque n'a jamais fait naître en mon esprit que l'idée d'une plaisanterie de circonstance, ou d'un simple témoignage de bienveillance. Je change d'avis en ce moment. Ce que je viens de voir et d'entendre , ne me permet plus de penser que ma nomination à la place de maire de Paris , soit encore une chose peu vraisemblable ; on ne vouloit pas même qu'elle me parût très-incertaine ; et si je conserve toujours , sur une contingence de cette espèce , des doutes , et un étonnement que rien n'a pu détruire , je sens aussi que cet état de choses m'impose le devoir d'exprimer publiquement, et d'énoncer avec franchise mes principes sur ce point, et mon invariable détermination.

Si l'on ne considère que les réalités sensibles et palpables, il est incontestable que des hommes, bien que réunis en société civile, n'ont jamais pu cesser d'être ce que l'éternelle mécanicienne les fit, des êtres séparés et distincts, des unités indépendantes. Mais sous les rapports de la morale et de la réciprocité d'assistance, ils sont devenus en effet fractions constitutives et dépendantes d'une nouvelle unité métaphysique et conventionnelle, appelée corps social. En cet état, pour que le service de la chose commune doive être réputé l'une des plus saintes obligations de chacune des parties du nouveau tout, il suffit que l'association soit légitime dans ses fins, et supportablement ordonnée dans ses moyens et dans ses lois. Cette obligation est indéfiniment susceptible d'un accroissement graduel d'attraits et de puissance, Elle prend de l'empire, elle devient plus douce chaque jour, à mesure que l'établissement public et le caractère national se perfectionnent. Toutes ces choses

(5)

croissent simultanément, et l'une par l'autre. Leurs gradations , diverses, mais adé-
quates , ont un terme commun ; c'est la
concorde des cœurs et des esprits , c'est la
fraternité réelle , la bonne et franche éga-
lité, seule et immortelle loi de la nature ,
c'est l'éternelle raison, c'est , en un mot ,
la liberté publique selon cette raison et
cette loi.

L'obligation dont je parle , auroit donc
acquis le plus haut degré de force morale ,
sous le double rapport du devoir et du
plaisir , du sentiment et de l'équité , chez
un peuple véritablement libre , où la chose
publique , résultat réel de toutes les choses
particulières , se composeroit des intérêts
apperçus et comptés de tous les individus ,
même les moins fortunés et les plus obscurs ;
où, cette chose publique se formant et s'en-
tretenant, pour ainsi dire, à découvert, chacun verroit, chacun sentiroit, qu'en effet
il y a là une chose commune , qui, com-
prenant tout , doit tout dominer. Alors,
sans doute, et je le répète, le devoir de
l'universalité des citoyens seroit de concou-
rir , chacun selon sa puissance, à la durée,

à la propagation même d'une constitution si bienfaisante ; le mérite et le bonheur des meilleurs esprits seroient de s'y dévouer entièrement ; la félicité suprême, comme la véritable gloire, d'y réussir.

Mais, dans ce cas même, et supérieurement à tout, il y auroit un premier commandement à observer ; celui de ne jamais trahir la chose commune.

Il n'y a rien, dans tout pacte social, de plus absolu, de plus continuellement obligatoire, que cet engagement tacite ou prononcé ; il est l'indispensable et fondamentale condition de toute aggrégation raisonnable ; l'on ne peut lui assigner de terme que celui de l'existence des sociétés, et, tant qu'elles ne sont pas dissoutes, il ne sauroit être ni modifié, ni suspendu.

Il suit de-là, que le citoyen, long-temps irréprochable et pur, mais qui, dans l'égarement du zèle ou de la confiance en ses moyens, un moment aveuglé par l'extrême envie d'être utile avec plus d'éclat, accepteroit un premier rang, et contracteroit, au titre des fonctions publiques , une dette sacrée dont il ne s'acquitteroit pas ; celui-là même , dis-je , encourroit inévitablement la honte et le blâme. Il n'échapperoit pas non plus à une juste animadversion ; et ces peines morales lui seroient décernées , dans une mesure proportionnée à l'étendue et à la gravité des maux, qu'auroit occasionnés son impéritie ou sa foiblesse.

Il opposeroit vainement aux reproches publics ses attestations de zèle , et ses expressions de douleur. On lui laisseroit sa douleur ; et, pour tout lénitif, on lui diroit, que n'ayant pas su s'apprécier , et s'abstenir d'administrer en chef la chose publique, il l'a véritablement trahie. Sa justification ne lui vaudroit qu'auprès de ceux qui liroient dans son cœur ; et cela , je l'avoue , est bien quelque chose.

Quant à l'homme, qui, dans un cas semblable, n'auroit pas l'excuse, ou de ses illusions sur sa véritable portée, ou de l'enivrement du zèle ; qui auroit , au contraire, paisiblement observé l'état des affaires publiques et ses propres facultés ; qui auroit considéré, avec désintéressement et à loisir, cette magistrature vers laquelle tant d'intérêts publics et privés aboutissent et se croisent pour y être balancés, unis ou raccordés ; l'homme, enfin, qui voyant à la fois ce qu'un maire de Paris doit être et ce qu'il est lui-même, et ne se dissimulant pas la double impuissance dont cet examen l'auroit convaincu, aspireroit ou consentiroit à s'établir tranquillement dans cette place, et pourroit ainsi se résoudre à l'occuper sans la remplir ; je ne balance pas à dire qu'il seroit prévaricateur à l'avance et sans excuse, en supposant même, ce qui seroit extravagant à supposer, que tout allât passablement pendant la durée de son administration ; j'observe encore, qu'il auroit trahi avec réflexion, et cela, dans des choses où sa trahison seroit du genre le plus vil et le plus détesté ; car elle seroit d'une nature à devoir peser fréquemment sur le pauvre et le foible, qu'elle immoleroit dans leurs intérêts journaliers, dans leurs besoins de tous les momens.

Comment pourroit-on, de sang-froid, se condamner à devenir si coupable ? Comment aussi pourroit - on, de sang - froid, exposer l'homme qu'on paroît estimer, à la tentation de se déshonorer par une vaine condescendance, et de feindre le dévouement, en commettant le crime ?

Ne seroit-ce pas le desservir griévement ? Ne seroit-ce pas encore desservir doublement la chose publique ? En effet, d'une part, l'on mettroit aux mains de l'homme dont tout atteste l'irémédiable incapacité relative, la destinée de la plus importante commune de la république ; et de l'autre, on écarteroit ainsi le citoyen recommandable, qui dans ce premier poste, eût été le plus capable de la bien servir.

On seroit donc, à-la-fois, injuste et coupable envers la république, ainsi qu'envers la commune, à l'égard du grand citoyen exclus, comme envers l'homme préféré. L'on nuiroit à la chose publique et au droit particulier ; l'on feroit le mal de tous sans qu'il y eût de profit réel, ni même de satisfaction pour personne.

Or, très-certainement, l'on n'a pas cette intention, ni aucune autre qui ressemble à celle-là. L'on a même, je ne puis pas en douter, une intention précisément opposée; mais on s'abuse avec une excessive indulgence, et c'est moi seul, qui, dans tout ceci, serois à-la-fois ridicule et coupable, si je ne me hâtois de détromper mes concitoyens de Paris, en leur affirmant ce que je sais très-bien, ce qu'ils ne peuvent guères apprendre que par moi.

J'atteste que je ne connois pas un autre homme plus imcapable d'exercer la première magistrature de cette immense commune.

Je déclare, que la vie publique, dans une place, sur-tout, et avec des fonctions, qui exigent tant d'activité, qui prescrivent une telle assiduité, qui commandent une perpétuelle surveillance, qui gênent l'esprit et l'humeur par toutes les sortes d'assujettissemens, n'a rien d'analogue ni de compatible avec mes qualités, bonnes ou mauvaises, naturelles ou acquises; je déclare, que cette place et ses fonctions, feroient à mes habitudes, à mon caractère, à ma constante manière d'user ou d'employer la

vie , une violence non interrompue , violence qu'il ne seroit pas en moi de pouvoir
supporter , même pendant un assez petit
nombre de jours. Je déclare enfin , que sous
le rapport des choses , des localités , des
personnes , les connoissances nécessaires
me manquent , et me manqueroient toujours , par mon invincible répugnance à
m'occuper des unes , par mon impuissance
à acquérir les autres. C'est donc bien irré-
vocablement que je dois renoncer , et que
je renonce à tromper les espérances , et
payer si mal les généreuses dispositions
de ce peuple de Paris , que tous les amis
sincères des excellens cœurs , des belles
actions et des bons principes , aimeront
long-temps avec prédilection.

Je vous prie , mandataires de ce peuple ,
de faire dire dans les assemblées de sections
de la commune , que mon nom doit être
rayé sur toutes les listes de candidats.

P. A. ANTONELLE.

PARIS, chez G. F. GALLETTI, Imprimeur de l'As-
semblée Electorale , aux Jacobins Saint-Honoré.

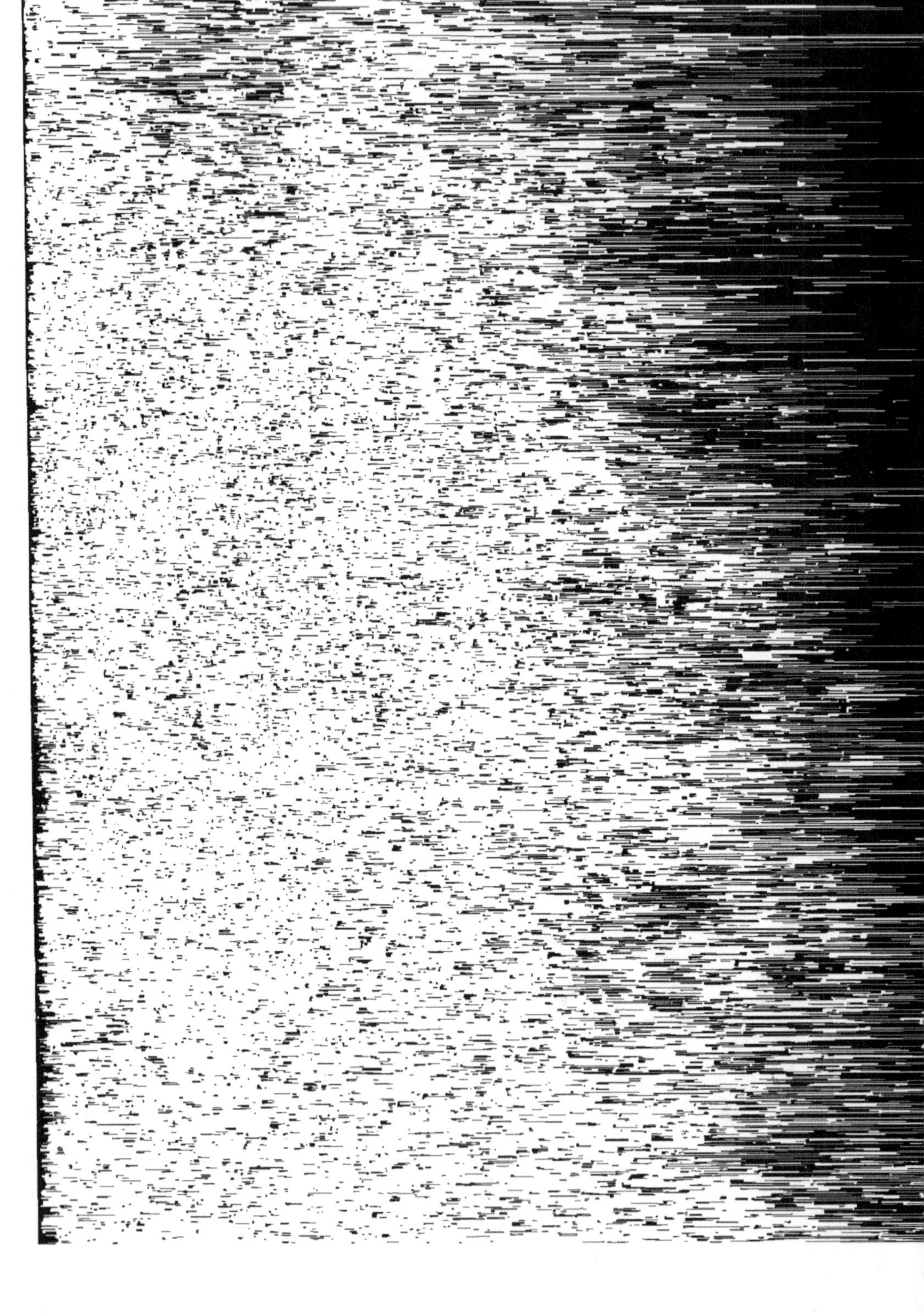